王陽明先生傳習録

明·王陽明 著

黄山書社

王陽明先生傳習録：宣紙影印本 /(明) 王陽明著 .
一合肥：黄山書社，2011.9
ISBN 978-7-5461-2201-4

Ⅰ.①王… Ⅱ.①王… Ⅲ.①心学一中國一明代
Ⅳ.① B248.2

中國版本圖書館 CIP 數據核字 (2011) 第 189285 號

ISBN 978-7-5461-2201-4

9 787546 122014 >

王陽明先生傳習録

策劃　汲古山房主人
責任編輯　趙國華　湯吟菲
監印設計　李曉明
出版發行　黄山書社
社址　合肥市政務文化新區翡翠路一一一八號出版傳媒廣場
印刷　揚州文津閣古籍印務有限公司
經銷　新華書店
開本　七〇〇×一六〇〇毫米　八開
印張　五四筒頁
印數　三〇〇
版次　二〇一一年十一月第一版　二〇一三年五月第二次印刷
標準書號　ISBN 978-7-5461-2201-4
定價　陸佰捌拾圓（全三册）

出版説明

《王陽明先生傳習録》，簡稱《傳習録》，是儒家的重要著作之一，爲明代大儒王陽明的講學語録，由其門生輯録而成。王陽明，原名王守仁，浙江餘姚人，因晚年居于陽明洞，世稱陽明先生。《傳習録》分上、中、下三卷，卷上是王守仁講學的語録，内容包括他早期講學時主要討論的『格物論』、『心即理』，以及有關經學本質與心性問題。卷中主要是王陽明寫給時人及門生的七封信，最有影響的是《答顧東橋書》（又名《答人論學書》）和《訓蒙大意示教讀劉伯頌等》，着重闡述了『知行合一』和『致良知』理論。卷下一部分是講學語録，附録《朱子晚年定論》。《朱子晚年定論》包括王陽明寫的序和由他輯録的朱熹遺文中三十四條『大悔舊説之非』的自責文字，旨在證明朱熹晚年確有『返本求真』的『心學』傾向。《傳習録》包含了王陽明學説的主要觀點，歷來名家推崇有加，具有重要而深遠的影響。

今本社據明隆慶六年（一五七二）謝廷杰刻本《傳習録》影印，以饗讀者。

目録

王文成公全書卷之一

語錄一　傳習錄上

先生於大學格物諸說悉以舊本爲正蓋先儒所謂誤本者也愛始聞而駭既而疑已而殫精竭思參互錯縱以質於先生然後知先生之說若水之寒若火之熱斷斷乎百世以俟聖人而不惑者也先生明睿天授然和樂坦易不事邊幅人見其少時豪邁不羈又嘗泛濫於詞章出入二氏之學驟聞是說皆目以爲立異好奇漫不省究不知先生居夷三載處困養靜精一之功固已超入聖域粹然大中至正之歸矣愛朝夕炙門下但見先生之道即之若易而仰之愈高見之若粗而探之愈精就之若近而造之愈益無窮十餘年來竟未能窺其藩籬世之君子或與先生僅交一面或猶未聞其謦欬或先懷忽易憤激之心而遽欲於立談之間傳聞之說臆斷懸度如之何其可得也從遊之士聞先生之教往往得一而遺二見其牝牡驪黃而棄其所謂千里者故愛備錄平日之所聞私以

亦夫同志相與考而正之庶無負先生之教云門人徐愛書

愛問在親民朱子謂當作新民後章作新民之文似亦有據先生以爲宜從舊本作親民亦有所據否先生曰作新民之新是自新之民與在新民之新不同此豈足爲據作字卻與親字相對然非親字義下面治國平天下處皆於新字無發明如云君子賢其賢而親其親小人樂其樂而利其利如保赤子民之所好好之民之所惡惡之此之謂民之父母之類皆是親字意親民猶孟子親親仁民之謂親之卽仁之也百姓不親舜使契爲司徒敬敷五教所以親之也堯典克明峻德便是明明德以親九族至平章協和便是親民便是明明德於天下又如孔子言修己以安百姓修己便是明明德安百姓便是親民說親民便是兼教養意說新民便覺偏了

愛問知止而後有定朱子以爲事事物物皆有定理似與先生之說相戾先生曰於事事物物上求至善卻是義外也至善是心之本體只是明明德到至精至

一處便是然亦未嘗離卻事物本註所謂盡夫天理之極而無一毫人欲之私者得之

愛問至善只求諸心恐於天下事理有不能盡先生曰心卽理也天下又有心外之事心外之理乎愛曰如事父之孝事君之忠交友之信治民之仁其間有許多理在恐亦不可不察先生嘆曰此說之蔽久矣豈一語所能悟今姑就所問者言之且如事父不成去父上求箇孝的理事君不成去君上求箇忠的理交友治民不成去友上民上求箇信與仁的理都只在

此心心卽理也此心無私欲之蔽卽是天理不須外面添一分以此純乎天理之心發之事父便是孝發之事君便是忠發之交友治民便是信與仁只在此心去人欲存天理上用功便是愛曰聞先生如此說愛已覺有省悟處但舊說纏於胸中尚有未脫然者如事父一事其閒溫凊定省之類有許多節目不亦須講求否先生曰如何不講求只是有箇頭腦只是就此心去人欲存天理上講求就如講求冬溫也只是要盡此心之孝恐怕有一毫人欲閒雜講求夏凊

也只是要盡此心之孝恐怕有一毫人欲閒雜只是講求得此心此心若無人欲純是天理是箇誠於孝親的心冬時自然思量父母的寒便自要去求箇溫的道理夏時自然思量父的熱便自要去求箇凊的道理這都是那誠孝的心發出來的條件卻是須有這誠孝的心然後有這條件發出來譬之樹木這誠孝的心便是根許多條件便是枝葉須先有根然後有枝葉不是先尋了枝葉然後去種根禮記言孝子之有深愛者必有和氣有和氣者必有愉色有愉色者必有婉容須是有箇深愛做根便自然如此

鄭朝朔問至善亦須有從事物上求者先生曰至善只是此心純乎天理之極便是更於事物上怎生求且試說幾件看朝朔曰且如事親如何而為溫凊之節如何而為奉養之宜須求箇是當方是至善所以有學問思辯之功先生曰若只是溫凊之節奉養之宜可一日二日講之而盡用得甚學問思辯惟於溫凊時也只要此心純乎天理之極奉養時也只要此心純乎天理之極此則非有學問思辯之功將不免於

毫釐千里之繆所以雖在聖人猶加精一之訓若只是那些儀節求得是當便謂至善卽如今扮戲子扮得許多溫凊奉養的儀節是當亦可謂之至善矣愛於是日又有省

愛因未會先生知行合一之訓與宗賢惟賢往復辯論未能決以問於先生先生曰試舉看愛曰如今人儘有知得父當孝兄當弟者卻不能孝不能弟便是知與行分明是兩件先生曰此已被私欲隔斷不是知行的本體了未有知而不行者知而不行只是未知

聖賢教人知行正是安復那本體不是着你只恁的便罷故大學指箇眞知行與人看說如好好色如惡惡臭見好色屬知好好色屬行只見那好色時已自好了不是見了後又立箇心去好聞惡臭屬知惡惡臭屬行只聞那惡臭時已自惡了不是聞了後別立箇心去惡如鼻塞人雖見惡臭在前鼻中不曾聞得便亦不甚惡亦只是不曾知臭就如稱某人知孝某人知弟必是其人已曾行孝行弟方可稱他知孝知弟不成只是曉得說些孝弟的話便可稱爲知孝弟

又如知痛必已自痛了方知痛知寒必已自寒了知饑必已自饑了知行如何分得開此便是知行的本體不曾有私意隔斷的聖人教人必要是如此方可謂之知不然只是不曾知此卻是何等緊切着實的工夫如今苦苦定要說知行做兩箇是甚麽意某要說做一箇是甚麽意若不知立言宗旨只管說一箇兩箇亦有甚用愛曰古人說知行做兩箇亦是要人見箇分曉一行做知的功夫一行做　的功夫卽功夫始有下落先生曰此卻失了古人宗旨也某嘗說

知是行的主意行是知的功夫知是行之始行是知之成若會得時只說一箇知已自有行在只說一箇行已自有知在古人所以既說一箇知又說一箇行者只爲世間有一種人懵懵懂懂的任意去做全不解思惟省察也只是箇冥行妄作所以必說箇知方纔行得是又有一種人茫茫蕩蕩懸空去思索全不肯着實躬行也只是箇揣摸影響所以必說一箇行方纔知得眞此是古人不得已補偏救弊的說話若見得這箇意時卽一言而足今人卻就將知行分作

兩件去做以爲必先知了然後能行我如今且去講習討論做知的工夫待知得眞了方去做行的工夫故遂終身不行亦遂終身不知此不是小病痛其來已非一日矣某今說箇知行合一正是對病的藥又不是某鑿空杜撰知行本體原是如此今若知得宗旨時卽說兩箇亦不妨亦只是一箇若不會宗旨便說一箇亦濟得甚事只是閒說話

愛問昨聞先生止至善之教已覺功夫有用力處但與朱子格物之訓思之終不能合先生曰格物是止至善之功既知至善卽知格物矣愛曰昨以先生之教推之格物之說似亦見得大略但朱子之訓其於書之精一論語之博約孟子之盡心知性皆有所證據以是未能釋然先生曰子夏篤信聖人曾子反求諸己篤信固亦是然不如反求之切今既不得於心安可狃於舊聞不求是當就如朱子亦尊信程子至其不得於心處亦何嘗苟從精一博約盡心本自與吾說脗合但未之思耳朱子格物之訓未免牽合附會非其本旨精是一之功博是約之功曰仁既明知行

合一之說此可一言而喻盡心知性知天是生知安行事存心養性事天是學知利行事天壽不貳修身以俟是困知勉行事朱子錯訓格物只爲倒看了此意以盡心知性爲物格知至要初學便去做生知安行事如何做得愛問盡心知性何以爲生知安行先生曰性是心之體天是性之原盡心卽是盡性惟天下至誠爲能盡其性知天地之化育存心者心有未盡也知天如知州知縣之知是自己分上事已與天爲一事天如子之事父臣之事君須是恭敬奉承然後能無失尚與天爲二此便是聖賢之別至於天壽不貳其心乃是教學者一心爲善不可以窮通天壽之故便把爲善的心變動了只去修身以俟命見得窮通壽天有箇命在我亦不必以此動心事天雖與天爲二已自見得箇天在面前俟命便是未曾見面在此等候相似此便是初學立心之始有箇困勉的意在今卻倒做了所以使學者無下手處愛曰昨聞先生之教亦影影見得功夫須是如此今聞此說益無可疑愛昨曉思格物的物字卽是事字皆從心上

說先生曰然身之主宰便是心心之所發便是意意之本體便是知意之所在便是物如意在於事親即事親便是一物意在於事君即事君便是一物意在於仁民愛物即仁民愛物便是一物意在於視聽言動即視聽言動便是一物所以某說無心外之理無心外之物中庸言不誠無物大學明明德之功只是箇誠意誠意之功只是箇格物

先生又曰格物如孟子大人格君心之格是去其心之不正以全其本體之正但意念所在即要去其不正以全其正即無時無處不是存天理即是窮理天理即是明德窮理即是明明德

又曰知是心之本體心自然會知見父自然知孝見兄自然知弟見孺子入井自然知惻隱此便是良知不假外求若良知之發更無私意障礙即所謂充其惻隱之心而仁不可勝用矣然在常人不能無私意障礙所以須用致知格物之功勝私復理即心之良知更無障礙得以充塞流行便是致其知知致則意誠

愛問先生以博文爲約禮功夫深思之未能得略請開

示先生曰禮字卽是理字理之發見可見者謂之文文之隱微不可見者謂之理只是一物約禮只是要此心純是一箇天理要此心純是天理須就理之發見處用功如發見於事親時就在事親上學存此天理發見於事君時就在事君上學存此天理發見於處富貴貧賤時就在處富貴貧賤上學存此天理發見於處患難夷狄時就在處患難夷狄上學存此天理至於作止語默無處不然隨他發見處卽就那上面學箇存天理這便是博學之於文便是約禮的功夫博文卽是惟精約禮卽是惟一

愛問道心常爲一身之主而人心每聽命以先生精一之訓推之此語似有弊先生曰然心一也未雜於人謂之道心雜以人僞謂之人心人心之得其正者卽道心道心之失其正者卽人心初非有二心也程子謂人心卽人欲道心卽天理語若分析而意實得之今曰道心爲主而人心聽命是二心也天理人欲不並立安有天理爲主人欲又從而聽命者

愛問文中子韓退之先生曰退之文人之雄耳文中子

貴儒也後人徒以文詞之故推尊退之其實退之去文中子遠甚愛問何以有擬經之失先生曰擬經恐未可盡非且說後世儒者著述之意與擬經如何愛曰世儒著述近名之意不無然期以明道擬經純若爲名先生曰著述以明道亦何所効法曰孔子刪述六經以明道也先生曰然則擬經獨非効法孔子乎愛曰著述即於道有所發明擬經似徒擬其迹恐於道無補先生曰子以明道者使其反朴還淳而見諸行事之實乎抑將美其言辭而徒以譊譊於世也天

下之大亂由虛文勝而實行衰也使道明於天下則六經不必述刪述六經孔子不得已也自伏羲畫卦至於文王周公其間言易如連山歸藏之屬紛紛籍籍不知其幾易道大亂孔子以天下好文之風日盛知其說之將無紀極於是取文王周公之說而贊之以爲惟此爲得其宗於是紛紛之說盡廢而天下之言易者始一書詩禮樂春秋皆然書自典謨以後詩自二南以降如九邱八索一切淫哇逸蕩之詞蓋不知其幾千百篇禮樂之名物度數至是亦不可勝窮

孔子皆刪削而述正之然後其說始廢如書詩禮樂中孔子何嘗加一語今之禮記諸說皆後儒附會而成已非孔子之舊至於春秋雖稱孔子作之其實皆魯史舊文所謂筆者筆其舊所謂削者削其繁是有減無增孔子述六經懼繁文之亂天下惟簡之而不得使天下務去其文以求其實非以文教之也春秋以後繁文益盛天下益亂始皇焚書得罪是出於私意又不合焚六經若當時志在明道其諸反經叛理之說悉取而焚之亦正暗合刪述之意自秦漢以降文又日盛若欲盡去之斷不能去只宜取法孔子錄其近是者而表章之則其諸怪悖之說亦宜漸漸自廢不知文中子當時擬經之意如何某切深有取於其事以爲聖人復起不能易也天下所以不治只因文盛實衰人出己見新奇相高以眩俗取譽徒以亂天下之聰明塗天下之耳目使天下靡然爭務修飾文詞以求知於世而不復知有敦本尚實反朴還淳之行是皆著述者有以啟之愛曰著述亦有不可缺者如春秋一經若無左傳恐亦難曉先生曰春秋必

待傳而後明是歟後謎語矣聖人何苦爲此艱深隱晦之詞左傳多是魯史舊文若春秋須此而後明孔子何必削之愛曰伊川亦云傳是案經是斷如書弑某君伐某國若不明其事恐亦難斷先生曰伊川此言恐亦是相沿世儒之說未得聖人作經之意如書弑君即弑君便是罪何必更問其弑君之詳征伐當自天子出書伐國即伐國便是罪何必更問其伐國之詳聖人述六經只是要正人心只是要存天理去人欲於存天理去人欲之事則嘗言之或因人請問各隨分量而說亦不肯多道恐人專求之言語故曰

予欲無言若是一切縱人欲滅天理的事又安肯詳以示人是長亂導奸也故孟子云仲尼之門無道桓文之事者是以後世無傳焉此便是孔門家法世儒只講得一箇伯者的學問所以要知得許多陰謀詭計純是一片功利的心與聖人作經的意思正相反如何思量得通因嘆曰此非達天德者未易與言此也又曰孔子云吾猶及史之闕文也孟子云盡信書不如無書吾於武成取二三策而已孔子删書於唐

虞夏四五百年間不過數篇豈更無一事而所述止此聖人之意可知矣聖人只是要删去繁文後儒卻只要添上愛曰聖人作經只是要去人欲存天理如五伯以下事聖人不欲詳以示人則誠然矣至如堯舜以前事如何略不少見先生曰羲黃之世其事闊疏傳之者鮮矣此亦可以想見其時全是湻龐朴素略無文采的氣象此便是太古之治非後世可及愛曰如三墳之類亦有傳者孔子何以删之先生曰縱有傳者亦於世變漸非所宜風氣益開文采日勝至

於周末雖欲變以夏商之俗已不可挽況唐虞乎又況羲黃之世乎然其治不同其道則一孔子於堯舜則祖述之於文武則憲章之文武之法即是堯舜之道但因時致治其設施政令已自不同即夏商事業施之於周已有不合故周公思兼三王其有不合仰而思之夜以繼日況太古之治豈復能行斯固聖人之所可略也又曰專事無為不能如三王之因時致治而必欲行以太古之俗即是佛老的學術因時致治不能如三王之一本於道而以功利之心行之即

是伯者以下事業後世儒者許多講來講去只是講
得箇伯術
又曰唐虞以上之治後世不可復也略之可也三代以
下之治後世不可法也削之可也惟三代之治可行
然而世之論三代者不明其本而徒事其末則亦不
可復矣
愛曰先儒論六經以春秋爲史史專記事恐與五經事
體終或稍異先生曰以事言謂之史以道言謂之經
事卽道道卽事春秋亦經五經亦史易是包犧氏之

史書是堯舜以下史禮樂是三代史其事同其道同
安有所謂異
又曰五經亦只是史史以明善惡示訓戒善可爲訓者
時存其迹以示法惡可爲戒者存其戒而削其事以
杜奸愛曰存其迹以示法亦是存天理之本然削其
事以杜奸亦是遏人欲於將萌否先生曰聖人作經
固無非是此意然又不必泥着文句愛又問惡可爲
戒者存其戒而削其事以杜奸何獨於詩而不刪鄭
衛先儒謂惡者可以懲創人之逸志然否先生曰詩

非孔門之舊本矣孔子云放鄭聲鄭聲淫又曰惡鄭聲之亂雅樂也鄭衛之音亡國之音也此是孔門家法孔子所定三百篇皆所謂雅樂皆可奏之郊廟奏之鄉黨皆所以宣暢和平涵泳德性移風易俗安得有此是長淫導奸矣此必秦火之後世儒附會以足三百篇之數蓋淫泆之詞世俗多所喜傳如今閭巷皆然惡者可以懲創人之逸志是求其說而不得從而為之辭

愛因舊說汨沒始聞先生之教實是駭愕不定無入頭處其後聞之既久漸知反身實踐然後始信先生之學為孔門嫡傳舍是皆傍蹊小徑斷港絕河矣如說格物是誠意的工夫明善是誠身的工夫窮理是盡性的工夫道問學是尊德性的工夫博文是約禮的工夫惟精是惟一的工夫諸如此類始皆落落難合其後思之既久不覺手舞足蹈

右曰仁所錄

陸澄問主一之功如讀書則一心在讀書上接客則一心在接客上可以為主一乎先生曰好色則一心在

好色上好貨則一心在好貨上可以爲主一乎是所謂逐物非主一也主一是專主一箇天理

問立志先生曰只念念要存天理卽是立志能不忘乎此久則自然心中凝聚猶道家所謂結聖胎也此天理之念常存馴至於美大聖神亦只從此一念存養擴充去耳

日間工夫覺紛擾則靜坐覺懶看書則且看書是亦因病而藥

處朋友務相下則得益相上則損

孟源有自是好名之病先生屢責之一日警責方已一友自陳日來工夫請正源從傍曰此方是尋着源舊時家當先生曰爾病又發源色變議擬欲有所辨先生曰爾病又發因喻之曰此是汝一生大病根譬如方丈地內種此一大樹雨露之滋土脉之力只滋養得這箇大根四傍縱要種些嘉穀上面被此樹葉遮覆下面被此樹根盤結如何生長得成須用伐去此樹纖根勿留方可種植嘉種不然任汝耕耘培壅只是滋養得此根

問後世著述之多恐亦有亂正學先生曰人心天理渾然聖賢筆之書如寫眞傳神不過示人以形狀大略使之因此而討求其眞耳其精神意氣言笑動止固有所不能傳也後世著述是又將聖人所畫摹倣謄寫而妄自分析加增以逞其技其失眞愈遠矣

問聖人應變不窮莫亦是預先講求否先生曰如何講求得許多聖人之心如明鏡只是一箇明則隨感而應無物不照未有已往之形尚在未照之形先具者若後世所講卻是如此是以與聖人之學大背周公

制禮作樂以文天下皆聖人所能爲堯舜何不盡爲之而待於周公孔子刪述六經以詔萬世亦聖人所能爲周公何不先爲之而有待於孔子是知聖人遇此時方有此事只怕鏡不明不怕物來不能照講求事變亦是照時事然學者卻須先有箇明的工夫學者惟患此心之未能明不患事變之不能盡曰然則所謂沖漠無朕而萬象森然已具者其言何如曰是說本自好只不善看亦便有病痛

義理無定在無窮盡吾與子言不可以少有所得而遂

謂止此也再言之十年二十年五十年未有止也他日又曰聖如堯舜然堯舜之上善無盡惡如桀紂然桀紂之下惡無盡使桀紂未死惡寧止此乎使善有盡時文王何以望道而未之見

問靜時亦覺意思好才遇事便不同如何先生曰是徒知靜養而不用克己工夫也如此臨事便要傾倒人須在事上磨方立得住方能靜亦定動亦定

問上達工夫先生曰後儒教人纔涉精微便謂上達未當學且說下學是分下學上達爲二也夫目可得見

耳可得聞口可得言心可得思者皆下學也目不可得見耳不可得聞口不可得言心不可得思者上達也如木之栽培灌溉是下學也至於日夜之所息條達暢茂乃是上達人安能預其力哉故凡可用功可告語者皆下學上達只在下學裏凡聖人所說雖極精微俱是下學學者只從下學裏用功自然上達去不必別尋箇上達的工夫

持志如心痛一心在痛上豈有工夫說閒話管閒事

問惟精惟一是如何用功先生曰惟一是惟精主意惟

精是惟一功夫非惟精之外復有惟一也精字從米姑以米譬之要得此米純然潔白便是惟一意然非加舂簸篩揀惟精之工則不能純然潔白也舂簸篩揀是惟精之功然亦不過要此米到純然潔白而已博學審問慎思明辨篤行者皆所以爲惟精而求惟一也他如博文者卽約禮之功格物致知者卽誠意之功道問學卽尊德性之功明善卽誠身之功無二說也

知者行之始行者知之成聖學只一箇功夫知行不可

分作兩事

漆雕開曰吾斯之未能信夫子說之子路使子羔爲費宰子曰賊夫人之子曾點言志夫子許之聖人之意可見矣

問寧靜存心時可爲未發之中否先生曰今人存心只定得氣當其寧靜時亦只是氣寧靜不可以爲未發之中曰未便是中莫亦是求中功夫曰只要去人欲存天理方是功夫靜時念念去人欲存天理動時念念去人欲存天理不管寧靜不寧靜若靠那寧靜不

惟漸有喜靜厭動之弊中間許多病痛只是潛伏在終不能絕去遇事依舊滋長以循理爲主何嘗不寧靜以寧靜爲主未必能循理

問孔門言志由求任政事公西赤任禮樂多少實用及曾晳說來卻似耍的事聖人卻許他是意何如曰三子是有意必有意必便偏着一邊能此未必能彼曾點這意思卻無意必便是素其位而行不願乎其外素夷狄行乎夷狄素患難行乎患難無入而不自得矣三子所謂汝器也曾點便有不器意然三子之才各卓然成章非若世之空言無實者故夫子亦皆許之

問知識不長進如何先生曰爲學須有本原須從本原上用力漸漸盈科而進仙家說嬰兒亦善譬嬰兒在母腹時只是純氣有何知識出胎後方始能啼既而後能笑又既而後能識認其父母兄弟又既而後能立能行能持能負卒乃天下之事無不可能皆是精氣日足則筋力日強聰明日開不是出胎日便講求推尋得來故須有箇本原聖人到位天地育萬物也

只從喜怒哀樂未發之中上養來後儒不明格物之說見聖人無不知無不能便欲於初下手時講求得盡豈有此理又曰立志用功如種樹然方其根芽猶未有榦及其有榦尚未有枝枝而後葉葉而後花實初種根時只管栽培灌溉勿作枝想勿作葉想勿作花想勿作實想懸想何益但不忘栽培之功怕沒有枝葉花實

問看書不能明如何先生曰此只是在文義上穿求故不明如此又不如爲舊時學問他到看得多解得去

只是他爲學雖極解得明曉亦終身無得須於心體上用功凡明不得行不去須反在自心上體當卽可通蓋四書五經不過說這心體這心體卽所謂道心體明卽是道明更無二此是爲學頭腦處

虛靈不昧衆理具而萬事出心外無理心外無事

或問晦庵先生曰人之所以爲學者心與理而已此語如何曰心卽性性卽理下一與字恐未免爲二此在學者善觀之

或曰人皆有是心心卽理何以有爲善有爲不善先生

曰惡人之心失其本體

問析之有以極其精而不亂然後合之有以盡其大而無餘此言如何先生曰恐亦未盡此理豈容分析又何須湊合得聖人說精一自是盡

省察是有事時存養存養是無事時省察

澄嘗問象山在人情事變上做工夫之說先生曰除了人情事變則無事矣喜怒哀樂非人情乎自視聽言動以至富貴貧賤患難死生皆事變也事變亦只在人情裏其要只在致中和致中和只在謹獨

澄問仁義禮智之名因已發而有曰然他日澄曰惻隱羞惡辭讓是非是性之表德邪曰仁義禮智也是表德性一而已自其形體也謂之天主宰也謂之帝流行也謂之命賦於人也謂之性主於身也謂之心心之發也遇父便謂之孝遇君便謂之忠自此以往名至於無窮只一性而已猶人一而已對父謂之子對子謂之父自此以往至於無窮只一人而已人只要在性上用功看得一性字分明即萬理燦然

日論爲學工夫先生曰教人爲學不可執一偏初學

時心猿意馬拴縛不定其所思慮多是人欲一邊故且教之靜坐息思慮久之俟其心意稍定只懸空靜守如槁木死灰亦無用須教他省察克治省察克治之功則無時而可閒如去盜賊須有箇掃除廓清之意無事時將好色好貨好名等私逐一追究搜尋出來定要拔去病根永不復起方始爲快常如猫之捕鼠一眼看着一耳聽着纔有一念萌動卽與克去斬釘截鐵不可姑容與他方便不可窩藏不可放他出路方是眞實用功方能掃除廓清到得無私可克自

有端拱時在雖曰何思何慮非初學時事初學必須思省察克治卽是思誠只思一箇天理到得天理純全便是何思何慮矣

澄問有人夜怕鬼者奈何先生曰只是平日不能集義而心有所慊故怕若素行合於神明何怕之有子莘曰正直之鬼不須怕恐邪鬼不管人善惡故未免怕先生曰豈有邪鬼能迷正人乎只此一怕卽是心邪故有迷之者非鬼迷也心自迷耳如人好色卽是色鬼迷好貨卽是貨鬼迷怒所不當怒是怒鬼迷懼所

不當懼是懼鬼迷也

定者心之本體天理也動靜所遇之時也

澄問學庸同異先生曰子思括大學一書之義爲中庸首章

問孔子正名先儒說上告天子下告方伯廢輒立郢此意如何先生曰恐難如此豈有一人致敬盡禮待我而爲政我就先去廢他豈人情天理孔子既肯與輒爲政必已是他能傾心委國而聽聖人盛德至誠必已感化衛輒使知無父之不可以爲人必將痛哭奔走往迎其父父子之愛本於天性輒能悔痛眞切如此蒯聵豈不感動底豫蒯聵既還輒乃致國請戮聵已見化於子又有夫子至誠調和其間當亦決不肯受仍以命輒羣臣百姓又必欲得輒爲君輒乃自暴其罪惡請於天子告於方伯諸侯而必欲致國於父聵與羣臣百姓亦皆表輒悔悟仁孝之美請於天子告於方伯諸侯必欲得輒而爲之君於是集命於輒使之復君衛國輒不得已乃如後世上皇故事率羣臣百姓尊聵爲太公備物致養而始退復其位焉則

君君臣臣父父子子名正言順一舉而可爲政於天下矣孔子正名或是如此

澄在鴻臚寺倉居忽家信至言兒病危澄心甚憂悶不能堪先生曰此時正宜用功若此時放過閒時講學何用人正要在此等時磨鍊父之愛子自是至情然天理亦自有箇中和處過卽是私意人於此處多認做天理當憂則一向憂苦不知已是有所憂患不得其正大抵七情所感多只是過少不及者才過便非心之本體必須調停適中始得就如父母之喪人子

豈不欲一哭便死方快於心然卻曰毀不滅性非聖人強制之也天理本體自有分限不可過也人但要識得心體自然增減分毫不得

不可謂未發之中常人俱有蓋體用一源有是體卽有是用有未發之中卽有發而皆中節之和今人未能有發而皆中節之和須知是他未發之中亦未能全得

易之辭是初九潛龍勿用六字易之象是初畫易之變是值其畫易之占是用其辭

夜氣是就常人說學者能用功則日間有事無事皆是此氣翕聚發生處聖人則不消說夜氣

澄問操存舍亡章曰出入無時莫知其鄉此雖就常人心說學者亦須是知得心之本體亦元是如此則操存功夫始沒病痛不可便謂出爲亡入爲存若論本體元是無出無入的若論出入則其思慮運用是出然主宰常昭昭在此何出之有既無所出何入之有程子所謂腔子亦只是天理而已雖終日應酬而不出天理卽是在腔子裏若出天理斯謂之放斯謂之

亡又曰出入亦只是動靜動靜無端豈有鄉邪

王嘉秀問佛以出離生死誘人入道仙以長生久視誘人入道其心亦不是要人做不好究其極至亦是見得聖人上一截然非入道正路如今仕者有由科有由貢有由傳奉一般做到大官畢竟非入仕正路君子不由也仙佛到極處與儒者略同但有了上一截遺了下一截終不似聖人之全然其上一截同者不可誣也後世儒者又只得聖人下一截分裂失眞流而爲記誦詞章功利訓詁亦卒不免爲異端是四家

者終身勞苦於身心無分毫益視彼仙佛之徒清心寡慾超然於世累之外者反若有所不及矣今學者不必先排仙佛且當篤志爲聖人之學聖人之學明則仙佛自泯不然則此之所學恐彼或有不屑而反欲其俯就不亦難乎鄙見如此先生以爲何如先生曰所論大略亦是但謂上一截下一截亦是人見偏了如此若論聖人大中至正之道徹上徹下只是一貫更有甚上一截下一截一陰一陽之謂道但仁者見之便謂之仁知者見之便謂之智百姓又日用而不知故君子之道鮮矣仁智豈可不謂之道但見得偏了便有弊病

蓍固是易龜亦是易

問孔子謂武王未盡善恐亦有不滿意先生曰在武王自合如此曰使文王未沒畢竟如何曰文王在時天下三分已有其二若到武王伐商之時文王若在或者不致興兵必然這一分亦來歸了文王只善處紂使不得縱惡而已

問孟子言執中無權猶執一先生曰中只是天理只是

易隨時變易如何執得須是因時制宜難預先定一箇規矩在如後世儒者要將道理一一說得無罅漏立定箇格式此正是執一

唐詡問立志是常存箇善念要爲善去惡否曰善念存時卽是天理此念卽善更思何善此念非惡更去何惡此念如樹之根芽立志者長立此善念而已從心所欲不踰矩只是志到熟處

精神道德言動大率收斂爲主發散是不得已天地人物皆然

問文中子是如何人先生曰文中子庶幾具體而微惜其蚤死問如何卻有續經之非曰續經亦未可盡非請問良久曰更覺良工心獨苦

許魯齋謂儒者以治生爲先之說亦誤人

問仙家元氣元神元精先生曰只是一件流行爲氣凝聚爲精妙用爲神

喜怒哀樂本體自是中和的纔自家着些意思便過不及便是私

問哭則不歌先生曰聖人心體自然如此

克己須要掃除廓清一毫不存方是有一毫在則眾惡相引而來

問律呂新書先生曰學者當務爲急算得此數熟亦恐未有用必須心中先具禮樂之本方可且如其書說多用管以候氣然至冬至那一刻時管灰之飛或有先後須臾之間焉知那管正值冬至之刻須自心中先曉得冬至之刻始得此便有不通處學者須先從禮樂本原上用功

曰仁云心猶鏡也聖人心如明鏡常人心如昏鏡近世

格物之說如以鏡照物照上用功不知鏡尚昏在何能照先生之格物如磨鏡而使之明磨上用功明了後亦未嘗廢照

問道之精粗先生曰道無精粗人之所見有精粗如這一間房人初進來只見一個大規模如此處久便柱壁之類一一看得明白再久如柱上有些文藻細細都看出來然只是一間房

先生曰諸公近見時少疑問何也人不用功莫不自以爲己知爲學只循而行之是矣殊不知私欲日生如

地上塵一日不掃便又有一層着實用功便見道無終窮愈探愈深必使精白無一毫不徹方可

問知至然後可以言誠意今天理人欲知之未盡如何用得克己工夫先生曰人若眞實切己用功不已則於此心天理之精微日見一日私欲之細微亦日見一日若不用克己工夫終日只是說話而已天理終不自見私欲亦終不自見如人走路一般走得一段方認得一段走到歧路處有疑便問問了又走方漸能到得欲到之處今人於已知之天理不肯存已知之人欲不肯去且只管愁不能盡知只管閒講何益之有且待克得自己無私可克方愁不能盡知亦未遲在

問道一而已古人論道往往不同求之亦有要乎先生曰道無方體不可執着卻拘滯於文義上求道遠矣如今人只說天其實何嘗見天謂日月風雷卽天不可謂人物草木不是天亦不可道卽是天若識得時何莫而非道人但各以其一隅之見認定以爲道止如此所以不同若解向裏尋求見得自己心體卽無

時無處不是此道亘古亘今無終無始更有甚同異心即道道即天知心則知道知天又曰諸君要實見此道須從自己心上體認不假外求始得

問名物度數亦須先講求否先生曰人只要成就自家心體則用在其中如養得心體果有未發之中自然有發而中節之和自然無施不可苟無是心雖預先講得世上許多名物度數與己原不相干只是裝綴臨時自行不去亦不是將名物度數全然不理只要知所先後則近道又曰人要隨才成就才是其所能爲如夔之樂稷之種是他資性合下便如此成就之者亦只是要他心體純乎天理其運用處皆從天理上發來然後謂之才到得純乎天理處亦能不器使夔稷易藝而爲當亦能之又曰如素富貴行乎富貴素患難行乎患難皆是不器此惟養得心體正者能之

與其爲數頃無源之塘水不若爲數尺有源之井水生意不窮時先生在塘邊坐傍有井故以之喻學云

問世道日降太古時氣象如何復見得先生曰一日便

是一元人平旦時起坐未與物接此心清明景象便如在伏羲時遊一般

問心要逐物如何則可先生曰人君端拱清穆六卿分職天下乃治心統五官亦要如此今眼要視時心便逐在色上耳要聽時心便逐在聲上如人君要選官時便自去坐在吏部要調軍時便自去坐在兵部如此豈惟失卻君體六卿亦皆不得其職

善念發而知之而充之惡念發而知之而遏之知與充與遏者志也天聰明也聖人只有此學者當存此

澄曰好色好利好名等心固是私欲如閒思雜慮如何亦謂之私欲先生曰畢竟從好色好利好名等根上起自尋其根便見如汝心中決知是無有做劫盜的思慮何也以汝元無是心也汝若於貨色名利等心一切皆如不做劫盜之心一般都消滅了光光只是心之本體看有甚閒思慮此便是寂然不動便是未發之中便是廓然大公自然感而遂通自然發而中節自然物來順應

問志至氣次先生曰志之所至氣亦至焉之謂非極至

次貳之謂持其志則養氣在其中無暴其氣則亦持其志矣孟子救告子之偏故如此夾持說

問先儒曰聖人之道必降而自卑賢人之言則引而自高如何先生曰不然如此卻乃僞也聖人如天無往而非天三光之上天也九地之下亦天也天何嘗有降而自卑此所謂大而化之也賢人如山嶽守其高而已然百仞者不能引而爲千仞千仞者不能引而爲萬仞是賢人未嘗引而自高也引而自高則僞矣

問伊川謂不當於喜怒哀樂未發之前求中延平卻教學者看未發之前氣象何如先生曰皆是也伊川恐人於未發前討箇中把中做一物看如吾向所謂認氣定時做中故令只於涵養省察上用功延平恐人未便有下手處故令人時時刻刻求未發前氣象使人正目而視惟此傾耳而聽惟此即是戒慎不睹恐懼不聞的工夫皆古人不得已誘人之言也

澄問喜怒哀樂之中和其全體常人固不能有如一件小事當喜怒者平時無有喜怒之心至其臨時亦能中節亦可謂之中和乎先生曰在一時一事固亦可

謂之中和然未可謂之大本達道人性皆善中和是人人原有的豈可謂無但常人之心既有所昏蔽則其本體雖亦時時發見終是暫明暫滅非其全體大用矣無所不中然後謂之大本無所不和然後謂之達道惟天下之至誠然後能立天下之大本曰澄於中字之義尚未明曰此須自心體認出來非言語所能喻中只是天理曰何者爲天理曰去得人欲便識天理曰天理何以謂之中曰無所偏倚曰無所偏倚是何等氣象曰如明鏡然全體瑩徹略無纖塵染着

曰偏倚是有所染着如着在好色好利好名等項上方見得偏倚若未發時美色名利皆未相着何以便知其有所偏倚曰雖未相着然平日好色好利好名之心原未嘗無既未嘗無卽謂之有既謂之有則亦不可謂無偏倚譬之病瘧之人雖有時不發而病根原不曾除則亦不得謂之無病之人矣須是平日好色好利好名等項一應私心掃除蕩滌無復纖毫留滯而此心全體廓然純是天理方可謂之喜怒哀樂未發之中方是天下之大本

次貳之謂持其志則養氣在其中無暴其氣則亦持其志矣孟子救告子之偏故如此夾持說

問先儒曰聖人之道必降而自卑賢人之言則引而自高如何先生曰不然如此卻乃僞也聖人如天無往而非天三光之上天也九地之下亦天也天何嘗有降而自卑此所謂大而化之也賢人如山嶽守其高而已然百仞者不能引而爲千仞千仞者不能引而爲萬仞是賢人未嘗引而自高也引而自高則僞矣

問伊川謂不當於喜怒哀樂未發之前求中延平卻教學者看未發之前氣象何如先生曰皆是也伊川恐人於未發前討箇中把中做一物看如吾向所謂認氣定時做中故令只於涵養省察上用功延平恐人未便有下手處故令人時時刻刻求未發前氣象使人正目而視惟此傾耳而聽惟此卽是戒愼不睹恐懼不聞的工夫皆古人不得已誘人之言也

澄問喜怒哀樂之中和其全體常人固不能有如一件小事當喜怒者平時無有喜怒之心至其臨時亦能中節亦可謂之中和乎先生曰在一時一事固亦可

謂之中和然未可謂之大本達道人性皆善中和是人人原有的豈可謂無但常人之心既有所昏蔽則其本體雖亦時時發見終是暫明暫滅非其全體大用矣無所不中然後謂之大本無所不和然後謂之達道惟天下之至誠然後能立天下之大本曰澄於中字之義尚未明曰此須自心體認出來非言語所能喻中只是天理曰何者爲天理曰去得人欲便識天理曰天理何以謂之中曰無所偏倚曰無所偏倚是何等氣象曰如明鏡然全體瑩徹略無纖塵染着

曰偏倚是有所染着如着在好色好利好名等項上方見得偏倚若未發時美色名利皆未相着何以便知其有所偏倚曰雖未相着然平日好色好利好名之心原未嘗無既未嘗無即謂之有既謂之有則亦不可謂無偏倚譬之病瘧之人雖有時不發而病根原不曾除則亦不得謂之無病之人矣須是平日好色好利好名等項一應私心掃除蕩滌無復纖毫留滯而此心全體廓然純是天理方可謂之喜怒哀樂未發之中方是天下之大本

則和

自格物致知至平天下只是一箇明明德雖親民亦明德事也明德是此心之德卽是仁仁者以天地萬物爲一體使有一物失所便是吾仁有未盡處只說明明德而不說親民便似老佛

至善者性也性元無一毫之惡故曰至善止之是復其本然而已

問知至善卽吾性吾性具吾心吾心乃至善所止之地則不爲向時之紛然外求而志定矣定則不擾擾而靜靜而不妄動則安安則一心一意只在此處千思萬想務求必得此至善是能慮而得矣如此說是否先生曰大略亦是

問程子云仁者以天地萬物爲一體何墨氏兼愛反不得謂之仁先生曰此亦甚難言須是諸君自體認出來始得仁是造化生生不息之理雖瀰漫周遍無處不是然其流行發生亦只有箇漸所以生生不息如冬至一陽生必自一陽生而後漸漸至於六陽若無一陽之生豈有六陽陰亦然惟其漸所以便有箇發

端處惟其有箇發端處所以生惟其生所以不息譬之木其始抽芽便是木之生意發端處抽芽然後發榦發榦然後生枝生葉然後是生生不息若無芽何以有榦有枝葉能抽芽必是下面有箇根在有根方生無根便死無根何從抽芽父子兄弟之愛便是人心生意發端處如木之抽芽自此而仁民而愛物便是發榦生枝生葉墨氏兼愛無差等將自家父子兄弟與途人一般看便自沒了發端處不抽芽便知得他無根便不是生生不息安得謂之仁孝弟爲仁之

本卻是仁理從裏面發生出來

問延平云當理而無私心當理與無私心如何分別先生曰心卽理也無私心卽是當理未當理便是私心若析心與理言之恐亦未善又問釋氏於世間一切情欲之私都不染着似無私心但外棄人倫卻似未當理曰亦只是一統事都只是成就他一箇私己的心

侃問持志如心痛一心在痛上安有工夫說閒話管閒事先生曰初學工夫如此用亦好但要使知出入無

時莫知其鄉心之神明原是如此工夫方有着落若只死死守着恐於工夫上又發病

侃問專涵養而不務講求將認欲作理則如之何先生曰人須是知學講求亦只是涵養不講求只是涵養之志不切曰何謂知學曰且道為何而學學箇甚曰嘗聞先生教學是學存天理心之本體卽是天理體認天理只要自心地無私意曰如此則只須克去私意便是又愁甚理欲不明曰正恐這些私意認不眞曰總是志未切志切目視耳聽皆在此安有認不眞的道理是非之心人皆有之不假外求講求亦只是體當自心所見不成去心外別有箇見

先生問在坐之友比來工夫何似一友舉虛明意思先生曰此是說光景一友敘今昔異同先生曰此是說效驗二友惘然請是先生曰吾輩今日用功只是要為善之心眞切此心眞切見善卽遷有過卽改方是眞切工夫如此則人欲日消天理日明若只管求光景說效驗卻是助長外馳病痛不是工夫

朋友觀書多有摘議晦庵者先生曰是有心求異卽不

是吾說與晦菴時有不同者爲入門下手處有毫釐千里之分不得不辯然吾之心與晦菴之心未嘗異也若其餘文義解得明當處如何動得一字

希淵問聖人可學而至然伯夷伊尹於孔子才力終不同其同謂之聖者安在先生曰聖人之所以爲聖只是其心純乎天理而無人欲之雜猶精金之所以爲精但以其成色足而無銅鉛之雜也人到純乎天理方是聖金到足色方是精然聖人之才力亦有大小不同猶金之分兩有輕重堯舜猶萬鎰文王孔子有

九千鎰禹湯武王猶七八千鎰伯夷伊尹猶四五千鎰才力不同而純乎天理則同皆可謂之聖人猶分兩雖不同而足色則同皆可謂之精金以五千鎰者而入於萬鎰之中其足色同也以夷尹而廁之堯孔之間其純乎天理同也蓋所以爲精金者在足色而不在分兩所以爲聖者在純乎天理而不在才力也故雖凡人而肯爲學使此心純乎天理則亦可爲聖人猶一兩之金比之萬鎰分兩雖懸絶而其到足色處可以無愧故曰人皆可以爲堯舜者以此學者學

聖人不過是去人欲而存天理耳猶鍊金而求其足色金之成色所爭不多則煅鍊之工省而功易成成色愈下則煅鍊愈難人之氣質清濁粹駁有中人以上中人以下其於道有生知安行學知利行其下者必須人一己百人十己千及其成功則一後世不知作聖之本是純乎天理卻專去知識才能上求聖人以爲聖人無所不知無所不能我須是將聖人許多知識才能逐一理會始得故不務去天理上着工夫徒弊精竭力從冊子上鑽研名物上考索形迹上比

擬知識愈廣而人欲愈滋才力愈多而天理愈蔽正如見人有萬鎰精金不務煅鍊成色求無愧於彼之精純而乃妄希分兩務同彼之萬鎰錫鉛銅鐵雜然而投分兩愈增而成色愈下既其梢末無復有金矣時曰仁在傍曰先生此喻足以破世儒支離之惑大有功於後學先生又曰吾輩用功只求日減不求日增減得一分人欲便是復得一分天理何等輕快脫洒何等簡易

士德問曰格物之說如先生所教明白簡易人人見得

聖人不過是去人欲而存天理耳猶鍊金而求其足色金之成色所爭不多則煆鍊之工省而功易成色愈下則煆鍊愈難人之氣質清濁粹駁有中人以上中人以下其於道有生知安行學知利行其下者必須人一己百人十己千及其成功則一後世不知作聖之本是純乎天理卻專去知識才能上求聖人以為聖人無所不知無所不能我須是將聖人許多知識才能逐一理會始得故不務去天理上着工夫徒弊精竭力從冊子上鑽研名物上考索形迹上比

擬知識愈廣而人欲愈滋才力愈多而天理愈蔽正如見人有萬鎰精金不務煆鍊成色求無愧於彼之精純而乃妄希分兩務同彼之萬鎰錫鉛銅鐵雜然而投分兩愈增而成色愈下既其梢末無復有金矣時曰仁在傍曰先生此喻足以破世儒支離之惑大有功於後學先生又曰吾輩用功只求日減不求日增減得一分人欲便是復得一分天理何等輕快脫灑何等簡易

士德問曰格物之說如先生所教明白簡易人人見得

文公聰明絶世於此反有未審何也先生曰文公精神氣魄大是他早年合下便要繼往開來故一向只就考索著述上用功若先切己自修自然不暇及此到得德盛後果憂道之不明如孔子退修六籍刪繁就簡開示來學亦大段不費甚考索文公早歲便著許多書晚年方悔是倒做了士德曰晚年之悔如謂向來定本之悟又謂雖讀得書何益於吾事又謂此與守書籍泥言語全無交涉是他到此方悔從前用功之錯方去切己自修矣曰然此是文公不可及處他力量大一悔便轉可惜不久即去世平日許多錯處皆不及改正

侃去花間草因曰天地間何善難培惡難去先生曰未培未去耳少間曰此等看善惡皆從軀殼起念便會錯侃未達曰天地生意花草一般何曾有善惡之分子欲觀花則以花爲善以草爲惡如欲用草時復以草爲善矣此等善惡皆由汝心好惡所生故知是錯曰然則無善無惡乎曰無善無惡者理之靜有善有惡者氣之動不動於氣即無善無惡是謂至善曰佛

氏亦無善無惡何以異曰佛氏着在無善無惡上便一切都不管不可以治天下聖人無善無惡只是無有作好無有作惡不動於氣然遵王之道會其有極便自一循天理便有箇裁成輔相曰草既非惡即草不宜去矣曰如此却是佛老意見草若有礙何妨汝去曰如此又是作好作惡曰不作好惡非是全無好惡却是無知覺的人謂之不作者只是好惡一循於理不去又着一分意思如此即是不曾好惡一般曰去草如何是一循於理不着意思曰草有妨礙理亦

宜去去之而已偶未即去亦不累心若着了一分意思即心體便有貽累便有許多動氣處曰然則善惡全不在物曰只在汝心循理便是善動氣便是惡曰畢竟物無善惡曰在心如此在物亦然世儒惟不知此舍心逐物將格物之學錯看了終日馳求於外只做得箇義襲而取終身行不著習不察曰如好好色如惡惡臭則如何曰此正是一循於理是天理合如此本無私意作好作惡曰如好好色如惡惡臭安得非意曰却是誠意不是私意誠意只是循天理雖是

循天理亦着不得一分意故有所忿懥好樂則不得其正須是廓然大公方是心之本體知此即知未發之中伯生曰先生云草有妨礙理亦宜去緣何又是軀殼起念曰此須汝心自體當汝要去草是甚麼心周茂叔窗前草不除是甚麼心

先生謂學者曰爲學須得箇頭腦工夫方有着落縱未能無間如舟之有舵一提便醒不然雖從事於學只做箇義襲而取只是行不著習不察非大本達道也

又曰見得時横說竪說皆是若於此處通彼處不通只是未見得

或問爲學以親故不免業舉之累先生曰以親之故而業舉爲累於學則治田以養其親者亦有累於學乎先正云惟患奪志但恐爲學之志不眞切耳

崇一問尋常意思多忙有事固忙無事亦忙何也先生曰天地氣機元無一息之停然有箇主宰故不先不後不急不緩雖千變萬化而主宰常定人得此而生若主宰定時與天運一般不息雖酬酢萬變常是從容自在所謂天君泰然百體從令若無主宰便只是

這氣奔放如何不忙

先生曰爲學大病在好名侃曰從前歲自謂此病已輕比來精察乃知全未豈必務外爲人只聞譽而喜聞毀而悶卽是此病發來曰最是名與實對務實之心重一分則務名之心輕一分全是務實之心卽全無務名之心若務實之心如饑之求食渴之求飲安得更有工夫好名又曰疾没世而名不稱稱字去聲讀亦聲聞過情君子恥之之意實不稱名生猶可補没則無及矣四十五十而無聞是不聞道非無聲聞也孔子云是聞也非達也安肯以此望人

侃多悔先生曰悔悟是去病之藥然以改之爲貴若留滯於中則又因藥發病

德章曰聞先生以精金喻聖以分兩喻聖人之分量以鍛鍊喻學者之工夫最爲深切惟謂堯舜爲萬鎰孔子爲九千鎰疑未安先生曰此又是軀殼上起念故替聖人爭分兩若不從軀殼上起念卽堯舜萬鎰不爲多孔子九千鎰不爲少堯舜萬鎰只是孔子的孔子九千鎰只是堯舜的原無彼我所以謂之聖只論

精一不論多寡只要此心純乎天理處同便同謂之聖若是力量氣魄如何盡同得後儒只在分兩上較量所以流入功利若除去了比較分兩的心各人儘着自己力量精神只在此心純天理上用功即人人自有箇箇圓成便能大以成大小以成小不假外慕無不具足此便是實實落落明善誠身的事後儒不明聖學不知就自己心地良知良能上體認擴充卻去求知其所不知求能其所不能一味只是希高慕大不知自己是桀紂心地動輒要做堯舜事業如何做得終年碌碌至於老死竟不知成就了箇甚麽可哀也已

侃問先儒以心之靜爲體心之動爲用如何先生曰心不可以動靜爲體用動靜時也即體而言用在體即用而言體在用是謂體用一源若說靜可以見其體動可以見其用卻不妨

問上智下愚如何不可移先生曰不是不可移只是不肯移

問子夏門人問交章先生曰子夏是言小子之交子張

是言成人之交若善用之亦俱是

子仁問學而時習之不亦說乎先儒以學爲效先覺之所爲如何先生曰學是學去人欲存天理從事於去人欲存天理則自正諸先覺考諸古訓自下許多問辨思索存省克治工夫然不過欲去此心之人欲存吾心之天理耳若曰效先覺之所爲則只說得學中一件事亦似專求諸外了時習者坐如尸非專習坐也坐時習此心也立如齋非專習立也立時習此心也說是理義之說我心之說人心本自說理義如目

本說色耳本說聲惟爲人欲所蔽所累始有不說今人欲日去則理義日洽浹安得不說

國英問曾子三省雖切恐是未聞一貫時工夫先生曰一貫是夫子見曾子未得用功之要故告之學者果能忠恕上用功豈不是一貫一如樹之根本貫如樹之枝葉未種根何枝葉之可得體用一源體未立用安從生謂曾子於其用處蓋已隨事精察而力行之但未知其體之一此恐未盡

黃誠甫問汝與回也孰愈章先生曰子貢多學而識在

聞見上用功顏子在心地上用功故聖人問以啓之而子貢所對又只在知見上故聖人嘆惜之非許之也

顏子不遷怒不貳過亦是有未發之中始能

種樹者必培其根種德者必養其心欲樹之長必於始生時刪其繁枝欲德之盛必於始學時去夫外好如外好詩文則精神日漸漏泄在詩文上去凡百外好皆然又曰我此論學是無中生有的工夫諸公須要信得及只是立志學者一念爲善之志如樹之種但

勿助勿忘只管培植將去自然日夜滋長生氣日完枝葉日茂樹初生時便抽繁枝亦須刊落然後根榦能大初學時亦然故立志貴專一

因論先生之門某人在涵養上用功某人在識見上用功先生曰專涵養者日見其不足專識見者日見其有餘日不足者日有餘矣日有餘者日不足矣

梁日孚問居敬窮理是兩事先生以爲一事何如先生曰天地間只有此一事安有兩事若論萬殊禮儀三百威儀三千又何止兩公且道居敬是如何窮理是

如何曰居敬是存養工夫窮理是窮事物之理曰存養箇甚曰是存養此心之天理曰如此亦只是窮理矣曰且道如何窮事物之理曰如事親便要窮孝之理事君便要窮忠之理曰忠與孝之理在君親身上在自己心上若在自己心上亦只是窮此心之理矣且道如何是敬曰只是主一如何是主一曰如讀書便一心在讀書上接事便一心在接事上曰如此則飲酒便一心在飲酒上好色便一心在好色上卻是逐物成甚居敬功夫日孚請問曰一者天理主一是一心在天理上若只知主一不知一即是理有事時便是逐物無事時便是着空惟其有事無事一心皆在天理上用功所以居敬亦即是窮理就窮理專一處說便謂之居敬就居敬精密處說便謂之窮理卻不是居敬了別有箇心窮理窮理時別有箇心居敬名雖不同功夫只是一事就如易言敬以直內義以方外敬即是無事時義義即是有事時敬兩句合說一件如孔子言修己以敬即不須言義孟子言集義即不須言敬會得時橫說豎說工夫總是一般若泥

文逐句不識本領卽支離決裂工夫都無下落問窮理何以卽是盡性曰心之體性也性卽理也窮仁之理眞要仁極仁窮義之理眞要義極義仁義只是吾性故窮理卽是盡性如孟子說充其惻隱之心至仁不可勝用這便是窮理工夫日孚曰先儒謂一草一木亦皆有理不可不察如何先生曰夫我則不暇公且先去理會自己性情須能盡人之性然後能盡物之性日孚悚然有悟

惟乾問知如何是心之本體先生曰知是理之靈處就

其主宰處說便謂之心就其稟賦處說便謂之性孩提之童無不知愛其親無不知敬其兄只是這箇靈能不爲私欲遮隔充拓得盡便完完是他本體便與天地合德自聖人以下不能無蔽故須格物以致其知

守衡問大學工夫只是誠意誠意工夫只是格物修齊治平只誠意盡矣又有正心之功有所忿懥好樂則不得其正何也先生曰此要自思得之知此則知未發之中矣守衡再三請曰爲學工夫有淺深初時若

不着實用意去好善惡惡如何能爲善去惡這着實用意便是誠意然不知心之本體原無一物一向着意去好善惡惡便又多了這分意思便不是廓然大公書所謂無有作好作惡方是本體所以說有所忿懥好樂則不得其正正心只是誠意工夫裏面體當自家心體常要鑑空衡平這便是未發之中

正之問戒懼是己所不知時工夫愼獨是己所獨知時工夫此說如何先生曰只是一箇工夫無事時固是獨知有事時亦是獨知人若不知於此獨知之地用力只在人所共知處用功便是作僞便是見君子而後厭然此獨知處便是誠的萌芽此處不論善念惡念更無虛假一是百是一錯百錯正是王霸義利誠僞善惡界頭於此一立立定便是端本澄源便是立誠古人許多誠身的工夫精神命脉全體只在此處眞是莫見莫顯無時無處無終無始只是此箇工夫今若又分戒懼爲己所不知卽工夫便支離亦有間斷旣戒懼卽是知己若不知是誰戒懼如此見解便要流入斷滅禪定曰不論善念惡念更無虛假則獨

知之地更無無念時邪曰戒懼亦是念戒懼之念無時可息若戒懼之心稍有不存不是昏瞶便已流入惡念自朝至暮自少至老若要無念卽是已不知此除是昏睡除是槁木死灰

志道問荀子云養心莫善於誠先儒非之何也先生曰此亦未可便以爲非誠字有以工夫說者誠是心之本體求復其本體便是思誠的工夫明道說以誠敬存之亦是此意大學欲正其心先誠其意荀子之言固多病然不可一例吹毛求疵大凡看人言語若先

有箇意見便有過當處爲富不仁之言孟子有取於陽虎此便見聖賢大公之心

蕭惠問己私難克柰何先生曰將汝己私來替汝克先生曰人須有爲己之心方能克己能克己方能成己蕭惠曰惠亦頗有爲己之心不知緣何不能克己先生曰且說汝有爲己之心是如何惠良久曰惠亦一心要做好人便自謂頗有爲己之心今思之看來亦只是爲得箇軀殼的己不曾爲箇眞己先生曰眞己何曾離着軀殼恐汝連那軀殼的己也不曾爲且道

汝所謂軀殼的已豈不是耳目口鼻四肢惠曰正是爲此目便要色耳便要聲口便要味四肢便要逸樂所以不能克先生曰美色令人目盲美聲令人耳聾美味令人口爽馳騁田獵令人發狂這都是害汝耳目口鼻四肢的豈得是爲汝耳目口鼻四肢若爲着耳目口鼻四肢時便須思量耳如何聽目如何視口如何言四肢如何動必須非禮勿視聽言動方才成得箇耳目口鼻四肢這箇才是爲着耳目口鼻四肢汝今終日向外馳求爲名爲利這都是爲着軀殼外

面的物事汝若爲着耳目口鼻四肢要非禮勿視聽言動時豈是汝之耳目口鼻四肢自能勿視聽言動須由汝心這視聽言動皆是汝心汝心之視發竅於目汝心之聽發竅於耳汝心之言發竅於口汝心之動發竅於四肢若無汝心便無耳目口鼻所謂汝心亦不專是那一團血肉若是那一團血肉如今已死的人那一團血肉還在緣何不能視聽言動所謂汝心却是那能視聽言動的這箇便是性便是天理有這箇性才能生這性之生理便謂之仁這性之生理

發在目便會視發在耳便會聽發在口便會言發在四肢便會動都只是那天理發生以其主宰一身故謂之心這心之本體原只是箇天理原無非禮這箇便是汝之眞己這箇眞己是軀殼的主宰若無眞己便無軀殼眞是有之即生無之即死汝若眞爲那箇軀殼的己必須用着這箇眞己便須常常保守着這箇眞己的本體戒愼不覩恐懼不聞惟恐虧損了他一些才有一毫非禮萌動便如刀割如針刺忍耐不過必須去了刀拔了針這才是有爲己之心方能克己汝今正是認賊作子緣何卻說有爲己之心不能克己

有一學者病目戚戚甚憂先生曰爾乃貴目賤心

蕭惠好仙釋先生警之曰吾亦自幼篤志二氏自謂既有所得謂儒者爲不足學其後居夷三載見得聖人之學若是其簡易廣大始自嘆悔錯用了三十年氣力大抵二氏之學其妙與聖人只有毫釐之閒汝今所學乃其土苴輒自信自好若此眞鴟鴞竊腐鼠耳惠請問二氏之妙先生曰向汝說聖人之學簡易廣

大汝卻不問我悟的只問我悔的惠慚謝請問聖人之學先生曰汝今只是了人事問待汝辦箇真要求爲聖人的心來與汝說惠再三請先生曰已與汝一句道盡汝尚自不會

劉觀時問未發之中是如何先生曰汝但戒慎不覩恐懼不聞養得此心純是天理便自然見觀時請略示氣象先生曰啞子喫苦瓜與你說不得你要知此苦還須你自喫時曰仁在傍曰如此才是真知即是行矣一時在座諸友皆有省

蕭惠問死生之道先生曰知晝夜即知死生問晝夜之道曰知晝則知夜曰晝亦有所不知乎先生曰汝能知晝懵懵而興蠢蠢而食行不著習不察終日昏昏只是夢晝惟息有養瞬有存此心惺惺明明天理無一息間斷才是能知晝這便是天德便是通乎晝夜之道而知更有甚麼死生

馬子莘問修道之教舊說謂聖人品節吾性之固有以爲法於天下若禮樂刑政之屬此意如何先生曰道即性即命本是完完全全增減不得不假修飾的何

須要聖人品節卻是不完全的物件禮樂刑政是治天下之法固亦可謂之教但不是子思本旨若如先儒之說下面由教入道的緣何舍了聖人禮樂刑政之教別說出一段戒慎恐懼工夫卻是聖人之教為虛設矣子莘請問先生曰子思性道教皆從本原上說天命於人則命便謂之性率性而行則性便謂之道修道而學則道便謂之教率性是誠者事所謂自誠明謂之性也修道是誠之者事所謂自明誠謂之教也聖人率性而行即是道聖人以下未能率性於

道未免有過不及故須修道修道則賢知者不得而過愚不肖者不得而不及都要循着這箇道則道便是箇教此教字與天道至教風雨霜露無非教也之教同修道字與修道以仁同人能修道然後能不違於道以復其性之本體則亦是聖人率性之道矣下面戒慎恐懼便是修道的工夫中和便是復其性之本體如易所謂窮理盡性以至於命中和位育便是盡性至命

黃誠甫問先儒以孔子告顏淵為邦之問是立萬世常

行之道如何先生曰顏子具體聖人其於為邦的大本大原都已完備夫子平日知之已深到此都不必言只就制度文為上說此等處亦不可忽略須要是如此方盡善又不可因自己本領是當了便於防範上疏濶須是要放鄭聲遠佞人蓋顏子是箇克己向裏德上用心的人孔子恐其外面末節或有疏略故就他不足處幫補說若在他人須告以為政在人取人以身修身以道修道以仁達道九經及誠身許多工夫方始做得這箇方是萬世常行之道不然只去行了夏時乘了殷輅服了周冕作了韶舞天下便治得後人但見顏子是孔門第一人又問箇為邦便把做天大事看了

蔡希淵問文公大學新本先格致而後誠意工夫似與首章次第相合若如先生從舊本之說即誠意反在格致之前於此尚未釋然先生曰大學工夫即是明明德明明德只是箇誠意誠意的工夫只是格物致知若以誠意為主去用格物致知的工夫即工夫始有下落即為善去惡無非是誠意的事如新本先去

窮格事物之理卽茫茫蕩蕩都無着落處須用添箇敬字方才牽扯得向身心上來然終是沒根源若須用添箇敬字緣何孔門倒將一箇最緊要的字落了直待千餘年後要人來補出正謂以誠意爲主卽不須添敬字所以提出箇誠意來說正是學問的大頭腦處於此不察直所謂毫釐之差千里之謬大抵中庸工夫只是誠身誠身之極便是至誠大學工夫只是誠意誠意之極便是至善工夫總是一般今說這裏補箇敬字那裏補箇誠字未免畫蛇添足

